ZNAJU LI ODRASLI

Pesme za decu

VUKAŠIN LUKOVIĆ

Beograd, 2016

CIP - Каталогизација у публикацији - Народна библиотека Србије, Београд

821.163.41-93-1

ЛУКОВИЋ, Вукашин, 1956-

Znaju li odrasli : pesme za decu / Vukašin Luković. - Beograd : V. Luković : S. Luković, 2016 (Beograd : Pharmalab 7518). - 121 str. :

autorova slika ; 21 cm

Tiraž 300. - Str. 4-6: Recenzija / Miroslav Nikićević. - Vukašin Luković:

str. 112-113.

ISBN 978-86-909841-2-1

COBISS.SR-ID 222675212

REČ AUTORA

Mnogi imaju puno godina ali nikako nisu uspeli da odrastu, i ja sam jedan od njih. Količnik (kvocijent) inteligencije ne povećava se sa godinama, na protiv kod nekih neki procenat opada. Draga deco, najsrećniji sam kada se družim sa vama. Kada mi ne dozvoljavaju mogućnost da se neposredno družimo ja to činim putem pisane reči. Trudim se da vam poklonim sva moja osećanja duše i njenu iskrenost, nadam se da ćete je prepoznati. Moje pesme su: šaljive, smešne, zabavne, bajkovite, neke su opisne i poučne, ima ih rodoljubivih a nisam zaboravio i na ljubavne. Na vama je da odaberete koje ćete najradije čitati. Naravno da sam vodio računa i o vašem uzrastu, uz pomoć vaših roditelja, oni će vam odabrti ako niste dovoljno „veliki" da sami odaberete. Pisanje svakoga od nas ima smisla kada posluži svrsi i prihvatite je kao, poželjno i vredno delo za vaspitanje i obrazovanje, sadašnjih i budućih generacija. Mnoga deca pišu poeziju pa im može biti od koristi već napisano ovo moje štivo.

Moje pesme nisu pesme da bih ja pokazao svoje umetničko umeće (izražavanje) one su deo mog doživljenog života. Stihove koje ste pročitali ne treba da budu u memoriji kore velikog mozga već treba da ih primenjujete u svakidašnjem životu ili pak da ih uporedite sa vašim.

Ne želim da se nametnem kao jedinstven i neponovljiv pesnik, bilo ih je puno pre mene, izvrsnih i sada ih takođe ima i u buduće će ih biti. Nisam ja pesnik bez mane, ima ih boljih, ravnih meni, manje dobrih, ali svi mi pišemo sa istom željom da se to nekome dopadne, da utiče na vaspitanje i da deci pomogne za lakše odrastanje. Ko uspe sa svojim pesmama on je srećan čovek. Deco vi ste ti koji nas svrstavate na uspešne, manje uspešne i pisce u pokušaju.

Kada odrastete pa se osvrnete na detinjstvo, sigurno ćete imati vama dragu pesmu kao i vama dragog pesnika.

U Beogradu,   **VUKAŠIN LUKOVIĆ**,
pisac
01.05.2015 god.

VUKAŠIN LUKOVIĆ

(1956)
Rođen u J. Trudovu kod Nove Varoši. Studije tehnike završio u Čačku a predavao u Beogradu gde piše slika i stvara naučna otkrića.

ZNAJU LI ODRASLI

Pesme za decu

Vukašin Luković

ZNAJU LI ODRASLI

Izdavač:

Vukašin Luković &

Svetozar Luković

Lektor:

Dr Danica Bulut – Jakovljevic

Glavni i odgovorni urednik

Svetozar Luković

Recenzija:

Miroslav Nikićević dipl. Istoričar umetnosti i pisac

Dizajin korice:

Miljka Luković, slika na koricama **(Anđela)**

Štampa:

Pharmalab

Tiraž:

300 primeraka

Plasman:

vukasin.lukovic@gmail.com

VUKAŠIN KAO BRANILAC NARODNOG JEZIKA

Moram da priznam da sam, kao neko ko se čitajući ovu zbirku po prvi put susreo sa stvaralaštvom Vukašina Lukovića, bila iznenađena. U veku nauke, tehnoloških dostignuća, novih reči i „modernizacije" jezika iznenadila sam se kada sam naišla na jednostavan, jezgrovit, da ne kažem prost (u pozitivnom smislu reči) jezik običnog čoveka. To je jezik ratara i seljaka, jezik čoveka iz naroda sa kojim nas je još Vuk upoznao i ostavio nam u zaveštanju da ga čuvamo i negujemo. Dovoljno je samo da pročitamo naslov pesme „Gruber nebo pokrio je" i da shvatimo da taj jezik još postoji u nama, iako možda ne možemo da se setimo kada smo poslednji put čuli ili pročitali tu reč. Ja znam da ima skoro decenija...

I same teme pesama kao što su „Pauk ruča" i „Umorno sunce iza brda viri" u kojima Vukašin govori o odnosima u prirodi, ili pesme „Sve su vrste utvrdili" i „Jedan dedin dan" koje govore o odnosu dece i prirode; vraća me u detinjstvo i podseća na našu narodnu poeziju i književnost koju mi je baka čitala. Zbog toga mislim da će ova zbirka pronaći put do čitalaca, spajajući bake i unučad, budeći u svakom od njih posebna osećanja i maštarije. Jer, Vukašin je u srcu jedno veliko dete koje odbija da odraste i zbog toga i tako lako niže ove jednostavne i poletne stihove. A to je pravi put do srca čitalaca.

Znam da mnogi smatraju da sa načinom života i jezik mora da se menja, ali lakše mi je pri pomisli da još postoje ljudi koji će nas, ako ne zaustaviti, bar usporiti u tom procesu; vraćajući nas našem jeziku a samim tim i nama samima. Naročito mi je drago kada su to ljudi kao Vukašin, koji pišu o deci i za decu, jer sa decom sve počinje i na njima svet ostaje.

U Beogradu,   dr Danica Bulut-Jakovljević
09.11.2015. god.

Recenzija za knjigu Vukašina Lukovića „Znaju li odrasli"

Veoma je lepo kada se svakom pravom ljubitelju lepe reči pruži prilika da ispred sebe ima ovu vrstu literature koja ga čini poletnim, radosnim i željnim novih saznanja.

Jedna od takvih knjiga je upravo ova koja nosi naslov "Znaju li odrasli", sa kojom nam se autor Vukašin Luković predstavlja kao izuzetno uspešan dečiji pesnik.

Šta je to što čini suštinu i bit ovog dela?

To su jednostvne, slikovite, duhom bogate misli, veoma skladno ukonponovane u jednu celinu. Ta celina se može čitajući primeniti kao u svakoj pesmi, a isto tako, kada se sklope korice ove knjige, celokupno ovo delo ima specifičan i izražen autorov lični pečat.

Živimo već odavno u vremenima kada je poezija postala raznorodna, prepuna novih tendencija, bilo u sadržaju, bilo u formi, a i autorski motivi su za mnoge ponekad teže prihvatljivi i razumljivi.

Na neki način to je i normalno jer, raznolikosti i stvaraju ono vrelo gde znatiželjan činilac treba da zna šta želi i traži. Kada se susretnemo sa ovim autorom, i to baš u ovoj knjizi, u nama oživljavaju slike dečijih radosti, suptilnih deskripcija, kako prirode tako i ljudskih emocija, i upravo tu se vidi najveća vrlina ovog dela, jer ta topla i pozitivna emocija puna lirskog naboja i tihe jednostavnosti obasijava ovu knjigu.

Po stilu i svom izrazu, autor bi se mogao nazvati i „tragačem zvezda" koji hodi stazama gde su svoj trag ostavili Jovan Jovanović Zmaj, Dobrica Erić i Nedeljko Popadić. Za prave ljubitelje dečije poezije i uopšte stvaralaštva za decu, ova komparacija daje pravu sliku vrednosti ove Lukovićeve najnovije knjige.

Saznanje da će ove stihove podjednako lako a i sa puno interesovanja moći da čitaju takoreći svi od 7 do 107 godina, i da im te lepote, jednostavne i ritmički skladne stihove njihova duša sa zadovoljstvom prihvati, biće najveća satisvakcija za ovog autora.

Pesme kao što su „Javila se zora rujna", „Vetar je za sve krivac", ili „Roda na put stala", samo su neke od Lukovićevih malih bisera koji svojom lepotom blistaju i ostaju u sećanju.

Drugi deo knjige je njegov specifičan autorski prikaz u maštovitoj formi IGROKAZA NA SLOVO NA SLOVO, gde su objedinjene reči po azbučnom redu i gde svako slovo ima svoju malu priču od jedne reči u vešto ukonponovanom nizu, u kome u maniru narodnog pripovedača stvara jedan pomalo neobičan, a iznad svega interesantan i orginalan stvaralački vez koji može i mnogima biti jedna kreativna inspiracija za slična ostvarenja.

Upravo stoga, biće nam velika čast i zadovoljstvo da ovo Lukovićevo delo bude oživelo svoj život i sabralo oko sebe što veći broj zahvalnih čitalaca, u šta ni malo ne sumnjamo.

U Beogradu, Miroslav Nikićević, dip.isto.umetnosti, pisac

02.11.2015 god.

ZNAJU LI ODRASLI

Znaju li odrasli
kako je biti mali,
svako od njih želi
dati obavezu meni.

Svi te kao bodre
a zapravo te kore,
njihove obaveze nove
mene najčešće smore.

Za moj neuspeli rad
mama me obavezno kori,
tata uvek galamu stvori,
deda i baba žele rad bolji.

Dokazuju se oni – skoro,
u svakoj vaspitnoj meri,
žele je primeniti na meni
i moj uspeh dodeliti sebi.

Kažu slabo ih slušam,
može biti mnogo bolje,
kako u školi učim sada
veća je – želja njihova.

Ne trudim se ja uvek
svima da udovoljim,
 znam da kod njih pali
 kad me učitelj hvali.

DECOM SE PONOSITI

Bogovoj se divim moći
što prirodu ovu stvori,
zahvalan sam majci, ocu,
iz ljubavi što se rodih.
Volim decu čednu, milu,
iz ljubavi ko ih dobi,
novo dete kad' se rodi
dekor je ovoj planeti.
Deca su koren cveća
kad' porastu tad mirišu.
Novih ljubavi mora biti
sa decom se ponositi.

MAJKA POJE ČEDU
PRED SPAVANJE

Spavaj, spavaj, ti majčina diko
tebe ne sme probuditi niko.

Spavaj, spavaj, ti mamino ptiče
niko ne sme u sobi da viče.

Spavaj, spavaj, čedo moje milo
sklopi oči ti mamina silo.

Spavaj, spavaj, ti mili sine
tvoja majka za tebe brine.

Spavaj, čedo, tople su mi grudi
spokojan majci u naručju budi.

Paji čedo, u kolevci je čisto
kao u ptičijem gnezdu biće ti isto.

DEDA ME PITA

Deda me pita: - Sine moj mili,
koji problem tebe muči?

- Košmar vlada u mojoj glavi,
želim da postanem šampion pravi!

Deda me pita: - Koja oblast je u pitanju,
sport, nauka ili je u pitanju nešto treće?

Ja mu kažem: - Oblast nije bitna,
mene zanima lepa Brineta!

Deda se čudi: - Sine možeš mi reći
kako Brineta može biti u toj priči?

Dedi ja kažem: - Ja volim Brinetu,
već kasnim, šampion moram postati!

Deda mi kaže: - Sine ti samo uči,
ako budeš dobar đak biće kraj tvojoj muci.

Na dedinu priču, poček da se smejem:
- Deda, shvati, nisu u modi štreberi!

Deda me pita: - Šta je sad bitno?
- E moj deda, sad' su u modi sveski šampioni!

Deda me teši: - Ne brini se sine,
mani se ti te lepe Brinete!

- Brineta u mom životu je bitna,
mile mi majke, lepša je od princeze iz bajke!

ZNAJU LI ODRASLI

Deda na glavu šešir stavi, i misli:
- Postati šampion nije problem mali!

VUKAŠIN LUKOVIĆ

ŠLJIVE SE PLAVE
DECI SU NA METI

Šljive se plave, deci su na meti,
Milan na drvo mora se popeti,
kada se na visoko drvo popeo
šarenom torbom o granu je zapeo.

S' drveta Milan ne može da siđe
nema nikoga da drvetu priđe.
Rešio Milan s' drveta da skoči,
slučajno ga deda s' prozora uoči.

Milane zašto ne zoveš dedu,
ako ti se baš sada šljive jedu?!
Deda na drvo stube nasloni,
unuku reče da se visine kloni.

Unuk se dedi na pomoći zahvalio,
rakiju doneo, u čašu mu nalio.
Baba još juče šljive je brala,
unuku svome punu korpu dala.

PRED DRUŠTVOM ISKRENOST SE DOBIJA

Važno je da osećanje prepoznamo
koju osobu iskreno volimo.
Ako pred društvom priznamo
da samo tu osobu iskreno volimo.

Mišljenje voljene osobe ćemo saznati
pred našim društvom ona neće kriti,
tada ćemo traženi odgovor dobiti,
na iskrenošću moramo zahvalni biti.

VUKAŠIN LUKOVIĆ

NOVE BRIGE STARE STIŽU

Deca sa svojim brigama se bore,
u školi se razni problemi nižu,
zbog rezultata roditelji ih kore,
zašto bolje uspehe ne postižu.

Iz škole kad neko kući stigne,
zadužen je za mnoge kućne poslove
nema vremena da uči, umoran legne,
čeka ga novi dan, i obaveze nove.

Neko juri petice, a neko dvojke,
mnoge cure žele iste momke,
neki se „luže" na tuđe devojke,
drug drugu pravi čudne zamke.

Svakim danom nove se brige nižu,
dan po dan i sa njima detinjstvo ode,
nisu rešili brige stare, nove stižu,
stare brige u problemima kolo vode.

ŠKOLSKI DANI

Hej dani
školski najlepši,
brzo prođoste,
nestadoše radosti!

Hej mladosti,
dečije naivnosti,
zašto deco hitate
u krilo starosti?!

Zarasli su tragovi,
nestali su žagori,
ostala su sećanja,
terapija mukama.

Opet bih tamo,
još maštam samo,
u budućnost došao
trčao pa se umorio.

Svega što sam stekao
lako bih se odrekao,
u naivu svratio
stvarnost odbacio.

Za školarce nove
iskustvo dajem,
lepši je školski dan
nego bez njga godina.

PROBLEME NE MOGU ODGODITI

Na moru smo se sreli,
do tada se nismo videli.
U kupanju smo uživali,
jako smo se zavoleli.

Brzo dođe zadnji dan,
svanuo je tmuran i ružan.
Svako svojoj kući treba ići,
morali smo se tužni razići.

Stigao sam ja u moje mesto,
društvo obilazim često.
Gradom šetam po korzou sam
i ona je sasvim sama znam.

Lepša je od svih devojaka što znam
da će moja biti u sreću se uzdam.
U njen bih se grad odmah preselio
započetu školu nisam završio.

Svaka škola neka je prokleta
mladima što u ljubavi smeta.
Moju školu moram zameniti,
probleme ne mogu odgoditi.

UZAJAMNI ODNOS ŽIVOG SVETA U PRIRODI

VUKAŠIN LUKOVIĆ

LJUBAVNA IGRA VRVI
U ŠUMI I OKOLINI

Meškolje se zveri u brlogu šume,
podižu očne kapke rosom okupane.
Šuma grane češlja, suncem obasjana,
potok žubori, čuje se po celoj gori.

Livadska trpeza bogata je đakonijama,
insekata roj prikupljaju slad svoj.
Jato ptica u žitnicu na vašar došle,
reka umiva ceo kraj, tu je Božiji raj.

Negde se sakrio noćni mesec i vuk,
ljubav svetom caruje u prirodi svud,
šumom se razleže pesma, pobegao muk.

Lahor miluje svet, zvuk šumu pokorio,
čuje se ljubavni zov, partner mu nudi tron.
Šuma i okolina vrvi u igri ljubavnoj.

PAUK RUČA

Pauk voli
u ugao sesti,
zavesu navući
i na miru jesti.

Insekti su najlepši
od providnog plašta,
tvrdokrilci su mu
poslastica prava.

Ponosite ose
zavija u mrežu,
muve i komarce
tamani po redu.

Kad se pauk najede
otežano diše,
odlazi na spavanje,
jesti ne može više.

JUTRO

Jutros veselo sunce
kroz voćnjak sinu,
na cvetu gledam
kako igra pčela.

Lahor tiho diše
opojni miris širi,
hrabri mali pauk
drhti na grani.

NOĆOBDIJE NA STAZI

Svako jutro pčele sišu
biser – rosu sa cvetova.
Sunce stiže, dan se diže
a na cvetu rose nema.

Sija sunce, mravi vrve,
mravinjake travom kite.
Sunce zađe, noć stiže
na počinak oni žure.

Šumskom stazom meda šeta,
na stazi srete mravojeda.
Neko mora sa staze sići
onog drugog zaobići.

- Kuda si ti momče krenuo
po ovoj noćnoj tmini,
zar ne vidiš medo ti
da su svi u šumi zaspali?

- Ja sam krenuo do pčelinjaka
u goste me matica pozvala,
hajde sada budi fin ti
sa staze mi se skloni.

- Vidim medo da je staza tesna,
sa staze rado ću ja sići
mravinjake sve moram obići,
pre zore to moram postići.

RODA NA PUT STALA

Sa svih strana rita
krekeću žabe u glas,
podalje od njega je selo,
pesmom odzvanja sav.

Roda na krovu drema
raduje je žaba poj,
mora spiti, prolazi noć,
sutra u goste će ići.

Sunce javi se danu,
roda krilima mahnu,
u posetu ritu dođe
žablje pesme prošle.

Prestalo noćno veselje,
žabe u skrovišta beže,
rodi ručak serviran nije
u barskom mulju ga rit krije.

Jedna zalutala žaba
u pohodu sreće nije imala,
žapcu na sastanak pošla,
roda na put stala – nije došla.

UMORNO SUNCE
IZA BRDA VIRI

Umorno sunce iza brda viri,
noć nebom navlači zavesu,
strogi vetar jablanove miri,
brzi potok klokoće u besu.

Gubi se svaki žagor ljudi,
ptice savile krila svoja,
dežurna sova raport nudi,
lugom šeta lisica po koja.

Žuti mesec u jezeru se kupa,
ribe na mesečini se umivaju,
komarci na jezeru plešu skupa,
zmije pod kamenjem dremaju.

LUG SE ŽALI SESTRI GORI

Rosa pala, jutro blista,
maslačci zlatom sjaje,
reka je stalno ista
ponosita, vesela je.

Livada je lepo odevena,
ćilim složio svoje boje,
lepim cvećem okićena,
pokazuje svima šare svoje.

Plavo nebo visoko je gore,
lepim mirom zemlja miriše.
Ptičije pesme svuda se ore,
u polju životinja sve je više.

Lug se žali sestri gori:
-Ja bih sestro htela znati,
da li se sunce nekad' umori
dok do mene ono svrati?

- Sunce je svima milo,
do tebe mora dugo ići
veliko brdo se isprečilo,
mora ga obići i tebi stići.

DECA ŽELE
DA SE ZASLADE

Pčele jutrom kruške bude
bumbari bruje, društvo nude,
sa cvetova svi nektar sišu,
procvetalo voće čeka kišu.

Oblak sivi polja zali
toplo sunce njima fali,
u šumi čuje se slavlje,
ptice male gnezda prave.

Toplo sunce sve ih mije
niko završio poslove nije,
brzi korov svuda hara
nestrpljiva njiva čeka ratara.

Srećan čobanin konje goni
trave imaju dovoljno oni,
prve jagode već su zrele
da se zaslade deca žele.

KAD' JE SOVI
UMAKAO

Iznad brda mesec niče
ceo lug od njega se zlati,
po livadi tama pala
svet žuri kući spavati.
Iznad pećine sova se čuje,
znanu pesmu ona čita,
zaboravno mišić žuri
lekciju o skrivanju ne nauči.
Sova se iznenada prenu
kad mišića u polju spazi,
od pesme brzo odustade
na slatki ručak zakasni.
Mišiću odmah laknu
kad' se žbunom ogrnuo,
od radosti on je plak'o
kad je sovi umakao.

UTICAJ VREMENSKIH PRILIKA I NEPRILIKA U PRIRODI

VETAR JE ZA SVE KRIVAC

Pobesneo vetar jutros
njiše grane, čupa cveće,
iz daljine preti, viče:
- Sklonite se šumski svete!
Spustio se u ravnicu
sve oblake rasterao,
ne zaštićenom plastu
svo je seno oterao.
Pođe selu u pohode
i narodne šiba dvore,
zatvaraju oni dveri
on odustade, nekud ode.
Skupiše se svi oblaci
u kojima grada ima,
skupiše se iznad njiva
otresoše žito ratarima.
Postadoše ljudi tužni
vršilac je na zemlju siš'o,
vetar je za sve krivac
oblake je naljutio.

SAD' JE ZDRAVO ZA DISANJE

Letnje nebo sasvim mutno,
sunce se krije – postidelo se.
Tužno cveće gde god koje
snužedno čami – pokislo je.
Sa šumskih grana kiša doba,
puž samac kuću nema,
lenji rak u lov se sprema,
kiša lije, miš se krije.
Sve su staze pune blata,
sličnom stazom idem,
proći ću ja stazu ovu
stići ću kući pre mraka.
Šuma šumi, ne prestaje,
ozona na pretek ima,
po koji listak meni šapne:
  - Sad' je zdravo za disanje.

GUBER NEBO POKRIO JE

Guber nebo pokrio je,
toplo sunce zaspalo je.
Mraz steže, drvo puca,
srce ptice usporeno kuca.

Bele šume, bela polja,
zelena boja im je bolja.
Divlje zveri u brlogu se kriju,
sve zmije ispod kamenja spiju.

Nigde staze, sve su puste,
zatrpane snegom sve su iste.
Rit se beli, led sve' okovao,
gnezdo rodi vetar oduvao.

Polja pusta, a još strma,
vetar krhko žbunje mrda.
Šipak kotrlja se niz stranu
od nekuda u polje vuk banu.

BLAGOSTANJE POSTADE VEĆE

Ljuto nebo, pati zemlja,
rastavi ih magla siva,
isti dani k'o i noći
svud caruje samo tama.

Da se promeni ovo stanje
svi se redom Bogu mole,
okvašeno je i vrelo sunce
da zasvetli još ne može.

Niko ne raduje se suznom danu
dosta je bilo kiše svima.
sini sunce nama milo,
da se rodi sreća svima.

Odobrovolji se nebo, sunce sinu,
ne padaju više dosadne kiše,
na zemlji sve raste, - kreće se,
blagostanje postade mnogo veće.

VUKAŠIN LUKOVIĆ

KLANAC IM KAO
DOM SLUŽI

Po padini sanke jezde
s' neba bele pahulje lete,
odlutale sve su zvezde
veselo je svako dete.

Najlepša je gora zimi
snegom kad se krošnje kite,
odzak se na kući dimi,
ljudi seku grane vite.

Uplašile se šumske zveri
da im skrovišta ne ogole,
niko zbog njih sad ne mari,
kad im je toplo ljudi vole.

Mole zveri jarko sunce
da na nebu sija duže
da zaviri u sve klance,
umesto doma da im služe.

JABLANOVE ČAS
MILUJU ČAS ŠIBAJU

Sunce kupa jablanove vite,
njihove sene kolo šire,
igraju tako dok ne smrkne
i ptice u krošnje ne legnu.

A kad polje osvoji tmina,
poljsko cveće savija latice,
rađa se jutro, ptičiji svet poje,
jablanove senke već su u kolu.

Tuga vlada, nebo se namrgodilo,
severac strogi, jablanove šiba,
ptice drhte, ne peva se ni njima,
grane se lome, prasak se čuje.

UTICAJ GODIŠNJIH DOBA NA PRIRODU

JAVILA SE ZORA RUJNA

Javila se zora rujna
svi je srećni čekaju,
hita i lahor lagani
da probudi lug zelen.

Započelo kupanje
iz oblaka kiša sipi,
potoci svi nabujali
čuju se njihovi žubori.

Pupi gora golema
listove svoje širi,
slavuja malog, veselog
za muzičara primi.

Cveta cveće šareno
šumom miris miri,
otopio se sneško
svi su puni radosti.

Igrajte se deco
na zelenoj travi,
došlo je proleće
to nam zora javi.

UZAJAMNI ODNOS ŽIVOG SVETA

VUKAŠIN LUKOVIĆ

ŽELJNE IH
OČEKUJEMO MI

Snažni jelen riče
odjekuje ceo lug,
toj rici iz daljine
odazva se njegov drug.

Slušaju ih košute
načuljile uši svoje.
Slušaju, još ne pasu,
njihov ljubavni zov.

Uzbuđene, pomamljene
nogama udaraju o tle.
Dragi Bože dovedi ih
željne ih očekujemo mi.

ZNAJU LI ODRASLI

NE UME OD SVRAKE
DA SE KRIJE

U prirodi štošta se zbiva,
živom svetu je nepoznato.
Kad preseku glistu jednu
za nju nije kraj, dalje živi ona.

Zaceljene rane njene
Niko - ne zna da l' je boli,
al' svako zna, - iz oba dela
da se dobju života dva.

Kada kiša počne da pada
iz zemlje pojavi se glista tada,
Bog joj oči ostavio nije
ne ume od svrake da se krije.

DUVA IM OKO UVA

U brlogu dobro sakrivenom
lisičići ostaju često sami,
ništa ne vide jer su u tami
majku osete po mirisu njenom.

Kad' se majka iz lova pojavi,
lisičići se na nju ljute,
ka izlazu oni se upute,
odmah ih opominje mati:

- Hej...Sinovi, strpite se malo,
napolju opasnost vama vreba,
može i orao videti vas s' neba,
ni sunce za vas nije saznalo.

Kada malo odrastete sinovi
majka će vas iz brloga izvesti,
jedno lisiče poče da se žesti,
ono bih odmah po šumi da lovi.

Hladna košava poče da duva,
buntovnik u jazbinu se vrati,
ne htede po vetru da se pati,
vratiše se svi, - duva im oko uva.

DECA ISPITUJU PRIRODU

SVE SU VRSTE UTVRDILI

Lete ptice – lete, lete,
u visinu plavog neba,
često moraju da slete
na grane raznog drveća.

Gorske ptice kad' pevaju,
u gori se ori pesma,
njihovom poju deca se dive
na okupu ne mogu da ih vide.

Sve ptice nisu iste,
njih više vrsta ima,
kako deca to da utvrde
poče da ih interesuje.

Obrati im se Miloš mali:
 - U biblioteku hajdemo drugari!
Naši preci su vredni bili
 sve su vrste utvrdili!

ZBOG NEZNANJA
NEKI SE OTRUJU

U šumi posle kiše
pečuraka je sve više,
kišobrane svoje rašire,
iza panjeva često vire.

Divlje svinje šumom lutaju
kad ih nađu one ih gutaju,
ljudi jestive gljive beru.
u njihovoj berbi nemaju meru.

Gljive za suncem ne mare,
po šeširima imaju šare,
ljudi se pečurkama obraduju
zbog neznanja mnogi se otruju.

DEČIJE LJUBAVI NAIVNE

PLAVE OČI MLADOG DELIJE

Lepa cura Mila
u bašti je bila,
cveće brala i pevala.
Kitila se:
smiljem i bosiljem,
divila se:
ljubičici i ružici.

Mirisala:
karanfile i zumbule,
venac plela
od zelenog bršljana.

Mlad' delija
kad je Mili priš'o:

cveće nije brala,
pevati je prestala,
okićena je bila,
cveće nije mirisala.
Od cveća su draže bile
oči plave mladog delije.

KAD ME PITAŠ

Kad me pitaš mila,
gde sam cveće brao,
brao sam ga u bašti
da bih ga tebi dao.

Kad me pitaš lutko
odakle se pesma čuje,
pođi sa mnom u lug
tamo ćeš da čuješ.

Kad me pitaš dušo,
da li igralište znam,
pođi sa mnom na livadu
tamo ćeš da se igraš.

Kad me pitaš zlato,
gde najjače sunce sija,
pođi sa mnom na more
da se tamo kupaš.

Kad me pitaš pčelice,
gde najviše mudrosti ima,
pođi sa mnom u školu
tamo ćeš sve da saznaš.

VUKAŠIN LUKOVIĆ

SESTRE BI DA PROMENE

Imam sestru jednu
marljivu i vrednu,
ime joj je Jana,
svima je u školi znana.

U školi je štreberka,
moj je drugar merka,
ja je kod njega kudim,
on kaže: - Ja za njom ludim.

- Mama kada tortu sprema
ona prva proba - sile nema.
Poklon kad od tate dobije
od mene Jana stalno krije.

U školi je mnogo fina
tata je više voli od sina.
Kući nije fina tako,
izbegavao bi je svako.

- Druže baš je takvu volim,
promenimo sestre ja te molim,
i moja sestra je đavo pravi,
ona se previše važna pravi.

DOĆI ĆE LJUBICA
IZNENADA

Ko razume ljubav štaje,
shvata žudnja moja kolikaje.

Ko nikada nije imao sreće
mene nikada shvatiti neće.

Ko može mene da shvati
taj nekada morao je da pati.

Ljubica je najlepša cura škole
svi dečaci tu princezu vole.

Zbog princeze tako fine
razna čuda oni čine.

U mojoj duši krije se nada
doći će Ljubica meni iznenada.

DVE MUTE

Gvozden je pričljiv i previše.
Društvu Mila odnekud priđe
od tada Gvozden se nečuje više,
u Milu gleda, za priču ideje nema.

Šta se sa Gvozdenom desi,
priču vodi Mila, on zaneme?
Kad se Mila obrati njemu
poče da muca, ima tremu.

To nije Gvozden, to je muta,
bio je veseo pre pet minuta.
Povikaše drugovi u glas:
 - Mila gledaj u Gvozdena a ne u nas!

Odjednom se postidi Mila,
zaneme i ona pred drugovima.
Dve mute odjednom postadoše,
da su u šemi drugovi nisu znali.

E... to je to! - Povika jedan od njih.
svovu ljubav od nas te krili.
Hajde mute izjasnite se ovde
jedno drugo da stvarno volite!

PTIČIJI SVET

NE PIŠTE VIŠE

Kad' zasija sunce,
to sunce milo,
pozlati krošnje drveća
i golubičina krila.

Od velike miline
golubica krilima maše,
iz njenog gnezda
golupčići se jave.

S visine golubica
na krošnju sleti,
golupčiće nahrani
da ne pište više.

PERA PETAO PROPEVAO

Pera petao propevao,
svoje koke je pozvao
da se u gomilu skupe
počeće da peva sa šupe.

Mladi petao pesmu voli
stariji petlovi su mu idoli,
koke su kljucanje ostavile
njegove pesme su im mile.

Prvo Pera osmatranje izvrši
ne sme pravilo da prekrši,
sa tarabe zaleprša krilima
da opasnosti nema, - kaže njima.

Vole koke svog deliju
najaviće on lukavu liju,
zakreštaće Pera iz grla
da najavi dolazak orla.

SMENA DANA I NOĆI

VEŽBA NIKADA NEĆE PRESTATI

Sunce pade, noć se k' nebu vinu,
svet sprema meku posteljinu,
na nebu mesec i zvezde igraju,
kada s` neba odu svi ustaju.

Sunce kada novu snagu dobije
iza brda ono se brzo probije,
pada danas, doći će sutra,
tako uvek sviću nova jutra.

Sunce izvodi vežbe i sada
često ustaje i ponovo pada,
ceo svet njegovu vežbu prati,
ona nikada neće prestati.

BABA BEZ VEČERE

Obišla baba jamu
ponela sa sobom kamu.
Prišla baba bostanu
zeka odnekud banu.

Baba nudi zeki šargarepu
i glavicu kupusa lepu.
Baba zeki rukom dade znak
da pođe sa njom na konak.

Baba sa zekom stiže do kuće
na šporetu ima vode vruće.
Umorni zeka želi da spava
odavno ga počela boleti glava.

Baba se sakri u tamu
poče da oštri kamu.
Tek što je zeka zaspao
nož kraj brloga je pao.

Zeka se iz sna prenuo
nož na mesečini sevnuo,
iz brloga zeka ripio
u šumu brzo zdipio.

Baba je sada tužna,
ostala je uspomena ružna.
Nadmudriti zeku nije znala,
bez večere baba je ostala.

KOMETA PLAVA

U svemiru razigranom
ima jedna kometa plava,
ne pojavljuje se danom
noću samo svetlost odava.

Kad' ti po noći hodiš
k' nebu pogled baci,
kometu možda vidiš,
pojaviće se plavi zraci.

Ona će ti sama doći,
odvešće te na kraj sveta,
po velikoj gluvoj noći,
niko ne sme da joj smeta.

Na zemlju kad' te vrati
nikom nemoj da se hvališ,
blago će ti veliko dati
i sve drugo što poželiš.

Niko za nju ne sme znati
samo onaj ko je prati,
on tajnu treba čuvati
u sreći će uživati.

ULOGA DECE U PRIRODI

JEDAN DEDIN DAN

Deda šeta gradom
na glavi šešir ima,
poznanike pozdravlja redom
podiže šešir svima.

Vratio se deda kući
šetnja ga umorila jako,
u kuću deda želi ući
bez štapa ne može nikako.

Deda u svoju fotelju seda,
novine kupiti zaboravio nije,
naočare mu dodade unuk Čeda,
novine čita i kafu pije.

Poštar na vrata se pomoli,
dedi njegovu penziju pruži,
unuka deda poče da moli
da poštara rakijom posluži.

DEČIJE ŠALE

MORA PRASE DA NAUČI DA ČITA

Svakoga dana čuje se graja,
to učenik Petar pusta zmaja,
ovoga jutra svi ka njemu žure
učenici po zemlji nešto jure.

Šta se zbiva, dežurni se pita,
radoznao, ka masi nastavnik hita.
Kad vide Petra i njegovu grupu,
pomisli kako su - smislili igru glupu.

Prvi čas Petar biologiju ima,
šareno prase pokazuje svima.
On pusti prase, masa ga hvata,
iz obora ga doneo, ne zna mu tata.

Masa učenika se primiri,
Petru prase iz naručja viri.
Zašto si doneo prase?- Nastavnik pita,
- мора prase da nauči da čita.

Nastavnik biologije rekao je svima,
svaka životinja sa nama sličnosti ima.
Ako je to tačno ja želim znati
da li prase može naučiti čitati.

UDROBLJENE PESME

BUBA - MARA ŠARENKRILA

Buba-mara šarenkrila
često na ruku nekom sleti,
čarobna buba svakom je mila
sreću svoju mogu poželeti.

U lug kada doleti vesela ševa,
njemu se pridruži i slavujak,
takmiče se ko od njih lepše peva
pomaže im razglas, - vetar jak.

Razneži svakog njihova pesma,
ispunjena sreća biće im veća.
Kažu da njima: - treba pesma,
pojaviće se brzo svima sreća.

MALI MIŠA ŽELI
DA IDE DO LJUBIŠA

Mali Miša želi da ide do Ljubiša.
Šta ćeš u Ljubišu? - Pita ga tata Siniša.
Želim da vidim Ljubivoja Ršumovića
da mi jednu lepu pesmu ispeva.

Dugo putovao Miša do Ljubiša.
U Ljubišu ga dočekao nepoznati deka,
ponudio mu toplu šolju mleka.
Miša mleko popio, za „Ršuma" pitao.

- Sine, Ljubivoje ne živi ovde,
od kako se u pećinu uvlačio,
Babarogu sreo, mnogo se uplašio,
bestraga u Beograd pobegao.

Mišu zanima gde „Ršum" prebiva,
u Beogradu tera Ale, po ulici 'vata zjale,
kad' mu to dosadi u Banat odjuri,
u jezeru ribe lovi, po lugu fazane goni.

REDOSLED IMENA AZBUČNIH SLOVA

IMENA POČETNIH SLOVA AZBUKE

AZBUKA

AUH
BRATE
VLADO
GLEDAM
DOŠLA
ĐUKINA
EKIPA
ŽANDARA
ZATOČILI
IZNENADA
JOVANA
KRAO
LUBENICE
LJUDIMA
MOJOJ
NANI
NJUŠKALO
ODNEO
PUN
RANAC
STIGAO
TATA
ĆIRA
UKA
FRKA
HAOS
CELA
ČARŠIJA
DZABALEBAROŠA
ŠIBALA

IGROKAZ NA SLOVO NA SLOVO

REČI SA ISTIM
POČETNIM SLOVIMA

NA SLOVO

Na slovo A

AU..
ALA
ARLAUČE
ALARM
AUTA
ALEKSA
ALEKSIĆ
AKTIVIRAO
APARAT
ANĐO
AJMO
AMO
AVAJ
AVALOM
ARA

ZNAJU LI ODRASLI

Na slovo B

BREGOM
BALON
BRANKU
BEŽI
BRIŽNA
BAKA
BISA
BILJE
BERE
BLUZU
BRZO
BACI
BRANI
BESKRAJAN
BEG

VUKAŠIN LUKOVIĆ

Na slovo V

VEDRO
VEČE
VEĆ
VIŠE
VREMENA
VRUĆINA
VLADA
VLAŽE
VIROVI
VODU
VOLE
VODOZEMCI

Na slovo G

GROM
GRUNU
GRANJE
GRABA
GORI
GNEZDO
GOLUB
GUBI
GLEDAM
GROZOTU
GDE
GLISTA
GAROM
GAMIŽE

VUKAŠIN LUKOVIĆ

Na slovo D

DARIN
DEDA
DOŠAO
DRUGOGA
DANA
DMITROVDANA
DO
DUBRAVE
DONEO
DVADESET
DUNJA
DAO
DOMAĆICI
DA
DARUJE
DOBRU
DECU

Na slovo Đ

ĐUVEGIJA
ĐUKA
ĐELIĆ
ĐAKOVAČKU
ĐEVOJKU
ĐINĐU
ĐINĐOVAO
ĐINĐUVAMA
ĐERDANOM
ĐED
ĐORĐE
ĐURĐEVKOM

Na slovo E

EJ
EHEJ
EVO
ELINE
EKSTRA
ELEGANTNE
EGZIBICIJE
EKIPA
EMINENTNIH
ESTETA
EKSKLUZIVNO
EMITUJU
EFEKTE
EKSTREMITETA

ZNAJU LI ODRASLI

Na slovo Ž

ŽETELAC
ŽARKO
ŽURNO
ŽANJE

ŽITO
ŽELJNE
ŽUNE
ŽALOSNE
ŽUDE
ŽUTO
ŽDREBE
ŽURNO
ŽVAĆE

VUKAŠIN LUKOVIĆ

Na slovo Z

ZORA
ZARUDELA
ZLATNA
ZVEZDA
ZASIJALA
ZURLE
ZAGRMELE
ZEČEVI
ZASPALI
ZADRHTALI
ZAPLAŠENI
ZAPODENULI
ZELENO
ZBORIŠTE

Na slovo I

IMPALE
IZLAZE
IZ
IVINJAKA
IZNENADI
IH
IVANA
IMA
IBRIK
IZA
IZVIRE
IZVOR
IDU
ISTOM

VUKAŠIN LUKOVIĆ

Na slovo J

JUTROS
JEDNA
JADNA
JANA
JECA
JURI
JAZAVCA
JER
JOJ
JE
JEČAM
JEO
JOŠ
JADE
JADIO
JEREBIČINA
JAJA
JAPIO

Na slovo K

KOKOŠKA
KREŠTI
KOBAC
KIDA
KRILO
KAPLJE
KRV
KOSTA
KRŠOM
KAMENJE
KUPI
KRENU
KA
KRIVOLOVCU

VUKAŠIN LUKOVIĆ

Na slovo L

LIPINO
LIŠĆE
LEPRŠA
LAGANO
LUKAVI
LISAC
LUGOM
LUTA
LOVAC
LUKA
LUPEŽA
LOVI
LAJU
LABRADORI

Na slovo LJ

LJUDI
LJUBA
LJUKIĆ
LJUBAKA
LJULJAJUĆI
LJILJU
LJUBISAVLJEVIĆ
LJUBIČASTOM
LJULJAŠKOM
LJUBIMICA
LJUSNULA
LJUTI
LJUBAVNICI

VUKAŠIN LUKOVIĆ

Na slovo M

MED
MLEKO
MAMA
MUTI
MEDENJAKE
MESI
MALOJ
MILICI
MENI
MILOST
MERI
MIROM
MIRIŠE
MOJA
MARENDA

Na slovo N

NEVESELOJ
NINI
NEDOSTAJU
NAOČARI
NIKOGA
NIODKUDA
NEMA
NAŽALOST
NEĆE
NAĆI
NESTALI
NOVČIĆ

VUKAŠIN LUKOVIĆ

Na slovo NJ

NJEGOSLAVINOM

NJIVOM

NJAKO

NJAČE

NJUŠKALA

NJUŠKAJU

NJORKE

NJEŽNO

NJAMKAJU

NJAM

NJUM

ZNAJU LI ODRASLI

Na slovo O

OVCE
OTVORILE
OGRADU
OTIŠLE
OVDE
ONDE
OVAMO
ONAMO
OBIŠLE
OMAR
OTKRILE
OZIM
OČAJAN
OBRAD
OSTADE

Na slovo P

PETAR

PERIĆ

POSLAO

PROŠLOG

PETKA

PUN

PAKET

PREKO

POŠTE

PAVLU

PETROVIĆU

PRIMALAC

POTPISAO

PROPRATNICU

PODIGAO

PUNO

POKLONA

POTOM

ZNAJU LI ODRASLI

PRIJATELJIMA

PRAVIM

PODELIO

VUKAŠIN LUKOVIĆ

Na slovo R

RANO
RAZVEDRILO
RASPOLOŽENI
RIBOLOVAC
RAZGLEDA
RIT
RODA
RASKIDALA
RIBU
RAVNOPRAVNO
RAZDELILA
RODIĆIMA
RADO
RUČAJU

Na slovo S

STIGLA

SLAVA

SKUPLJA

SUSEDE

SENILNI

STARAC

SIMA

STALNO

SE

SMEJE

STOLICU

SESTRA

SKRIVA

SMETA

SVIMA

SRED

SOBE

SEDI

SUŠI

VUKAŠIN LUKOVIĆ

SPREMA

SO

STAVLJA

SVOJ

SPECIJALITET

SERVIRA

SALVETE

SAVIJA

Na slovo T

TIKA
TAKA
TA
TINA
TERA
TODORA
TAKI
TIKI
TI
TAMOM
TRAŽI
TIM
TAKO
TO
TAKNU
TOZU
TRENUTKA
TOG

VUKAŠIN LUKOVIĆ

Na slovo Ć

ĆUV
ĆARLIJA
ĆUVKOM
ĆUKAVCI
ĆUČU
ĆU - ĆU - ĆU
ĆERKA
ĆANA
ĆUTI
ĆELAVI
ĆALE
ĆIRA
ĆERA
ĆUKA

Na slovo U

ULAZI
UČITELJ
U
UČIONICU
UPISUJE
UČENIKE
UTAMAN
UTRČA
UROŠ
UČENICI
UZIMAJU
UDZBENIKE
UPORNO
UČE

Na slovo F

FILIPOVA
FAMILIJA
FINANSIRA
FRUŠKOGORSKI
FESTIVAL
FILMA
FILMOFILE
FASCINIRA
FINA
FUZIJA
FUNKCIJE
FOTOGRAFIJE
FIGURE

Na slovo H

HUMANI
HRANISLAV
HRANIĆ
HRANI
HRABRE
HAJDUKE
HELJDINIM
HLEBOM
HARAČLIJE
HARAJU
HOĆE
HULJE
HIPER
HARAČ

VUKAŠIN LUKOVIĆ

Na slovo C

CENJENE
CURE
CUPKAJU
CENTROM
CRVENKE
CANINE
CRVENE
CIPELE
CAKLE
CICE
CECE
CRNE
CARINIK
CARINIO

Na slovo Č

ČESTO
ČETVRTKOM
ČIKA
ČASLAV
ČISTI
ČARDAK
ČUDNA
ČEDOMIRKA
ČAĐAVE
ČUNKOVE
ČELIČNOM
ČETKOM
ČUVAJU
ČISTOĆU

VUKAŠIN LUKOVIĆ

Na slovo DZ

DZAKOM
DZENARIKA
DZEMO
DZEK
DZIMRIJA
DZAJA
DZABALEBAROŠ
DZABE
DZAKA
DZA - DZA
DZARA
DZIMRIJU

ZNAJU LI ODRASLI

Na slovo Š

ŠUMA
ŠUMI
ŠU – ŠU
ŠAROV
ŠUNJA
ŠANCEM
ŠEVARJEM
ŠIŠTI
ŠARKA
ŠUNTA
ŠUMAR
ŠTAPOM
ŠIBA
ŠIŠTAVKU

IGRAJTE SE DECO I VI

MESTO ZA IGRU

ZNAJU LI ODRASLI

MESTO ZA IGRU

Vukašin Luković

(1956)

Rođen u J. Trudovu kod Nove Varoši. Studije tehnike završio u Čačku a predavao u Beogradu gde piše slika i stvara naučna otkrića. Kolege profesori književnosti i prijatelji aktivno su ga porinuli u književne vode, "Književna akademija" iz Beograda objavila:

"Čarobnu pećinu", (2007) bajke, basne i priče

"Isailo" (2008)   roman

"Udruženje pisaca Srbije" iz Beograda objavilo

"Korpu snova" (2010) pesme i aforizme

"Udruženje pisaca Srbije i okruženja" i "Amazon books"

"Bliznakinje" (2013)   pesme za decu

"Skupili smo se mi" (2013) pitalice za decu

"Vi ste moja pesma" (2014) pesme za decu

"Rajska šuma" (2014) pesme za decu

"Noć kuje moć" (2014) aforizmi

„Srce do srca" (2014) ljubavna poezij

„Dete je sreća" (2014) pesme za decu

„Dete na poetskoj stazi" dečija poezija

„Sreo sam nju" ljubavna poezija

„Vukašinove misli u haiku poeziji" (2014)

„Plamen ljubavi" (2014)ljubavna poezija

Oglašava se u časopisima: *„Scena Crnjanski"*, *„Jesenjin"*, *„Vidovdan"*, *„Obzorje"*... u zbornicima, almanasima, godišnjacima...

Iz štampe uskoro izlaze:

„Isailo" 2. Roman

Sadržaj

VUKAŠIN KAO BRANILAC NARODNOG JEZIKA
1

Recenzija za knjigu Vukašina Lukovića „Znaju li odrasli"

4 - 6
Znaju li odrasli
7
Decom se ponositi
8
Majka poje čedu pred spavanje
9
Deda me pita
10
Šljive se plave deci su na meti
12
Pred društvom iskrenost se dobija
13
Nove brige stare stižu
14
Školski dani
15
Probleme ne mogu odgoditi
16

UZAJAMNI ODNOS ŽIVOG SVETA U PRIRODI
17

Ljubavna igra u šumi i okolini
18
Pauk ruča
19
Jutro
20
Noćobdije na stazi
21
Roda na put stala
22
Umorno sunce iza brda viri
23
Lug se žali sestri gori
24
Deca žele da se zaslade
25
Kad' je sovi umakao
26

UTICAJ VREMENSKIH PRILIKA I NEPRILIKA NA PRIRODU
27

Vetar je za sve krivac
28
Sad je zdravo za disanje
29
Guber nebo pokrio je
30
Blagostanje postade veće
31

Klanac im kao dom služi
32
Jablanove čas miluju čas šibaju
33

UTICAJ GODIŠNJIH DOBA NA PRIRODU
35

Javila se zora rujna
36

UZAJAMNI ODNOS ŽIVOGA SVETA
37

Željne ih očekujemo mi
38
Ne ume od svrake da se krije
39
Duva im oko uva
40

DECA ISPITUJU PRIRODU
41

Sve su vrste utvrdili
42
Zbog neznanja neki se otruju
43

DEČIJE LJUBAVI NAIVNE
45

Plave oči mladog delije
46

Kad me pitaš
47
Sestre bi da promene
48
Doći će Ljubica iznenada
49
Dve mute
50

PTIČIJI SVET
51

Ne pište više
52
Pera petao propevao
53

SMENA DANA I NOĆI
55

Vežba nikada neće prestati
56
Baba bez večere
57
Kometa plava
58

ULOGA DECE U PRIRODI
59

Jedan dedin dan
60

DEČIJE ŠALE
61

Mora prase da nauči da čita
62

UDROBLJENE PESME
63

Buba-mara šarenkrila
64
Mali Miša želi da ide do Ljubiša
65

REDOSLED IMENA AZBUČNIH SLOVA
67

IMENA POČETNIH SLOVA AZBUKE
69

AZBUKA
70

IGROKAZ NA SLOVO NA SLOVO
71

REČI SA ISTIM POČETNIM SLOVIMA
73

NA SLOVO
75

Na slovo A
76
Na slovo B
77
Na slovo V
78

Na slovo G
79
Na slovo D
80
Na slovo Đ
81
Na slovo E
82
Na slovo Ž
83
Na slovo Z
84
Na slovo I
85
Na slovo J
86
Na slovo K
87
Na slovo L
88
Na slovo LJ
89
Na slovo M
90
Na slovo N
91
Na slovo NJ
92
Na slovo O
93
Na slovo P
94 – 95
Na slovo R
96

Na slovo S
97 - 98
Na slovo T
99
Na slovo Ć
100
Na slovo U
101
Na slovo F
102
Na slovo H
103
Na slovo C
104
Na slovo Č
105
Na slovo DZ
106
Na slovo Š
107

IGRAJTE SE DECO I VI
109

MESTO ZA IGRU
110 – 111

Вукашин Луковић
113
Sadržaj
114

www.ingramcontent.com/pod-product-compliance
Lightning Source LLC
Chambersburg PA
CBHW060806050426
42449CB00008B/1565